mamma

mamá

papà

papi

bambino

niño

bambina

niña

1 

uno

uno

2

due

dos

3

tre

tres

4

quattro

cuatro

5

cinque

cinco

6

sei

seis

7

sette

siete

8

otto

ocho

9

nove

nueve

10

dieci

diez

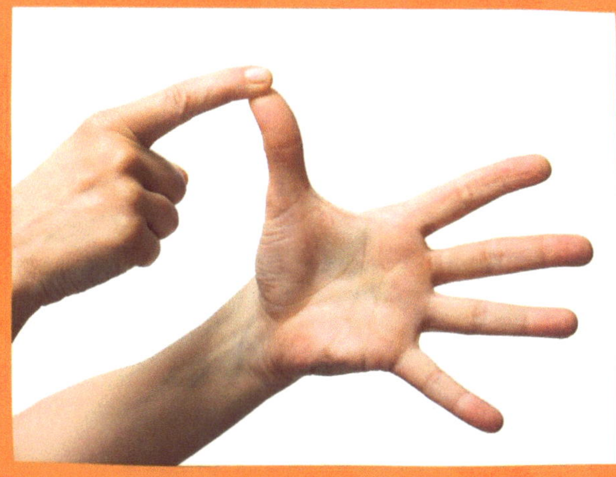

contare

contar

scrivere

escribir

disegnare

dibujar

dipingere

pintar

cerchio

círculo

quadrato

cuadrado

rettangolo

rectángulo

triangolo

triángulo

stella

estrella

nero

negro

marrone

marrón

bianco

blanco

rosso

rojo

blu

azul

giallo

amarillo

verde

verde

viola

morado

grigio

gris

arancione

naranja

rosa

rosa

mela

manzana

banana

plátano

ananas

piña

cocomero

sandía

pera

pera

uva

uvas

mango

mango

pesca

melocotón

fragola

fresa

ciliegia

cereza

arancia

naranja

cocco

coco

limone

limón

fungo

seta

mais

maíz

pomodoro

tomate

zucca

calabaza

cetriolo

pepino

carota

zanahoria

patata

patata

zucchina

calabacín

spinacio

espinacas

cavolfiore

coliflor

uovo

huevo

piatto

plato

cucchiaio

cuchara

coltello

cuchillo

forchetta

tenedor

torta

pastel

biberon

biberón

caramelle

caramelos

formaggio

queso

bere

beber

mangiare

comer

caldo

caliente

freddo

frío

piccolo

pequeño

grande

grande

 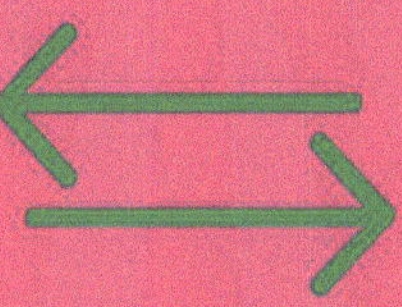

corto

corto

lungo

largo

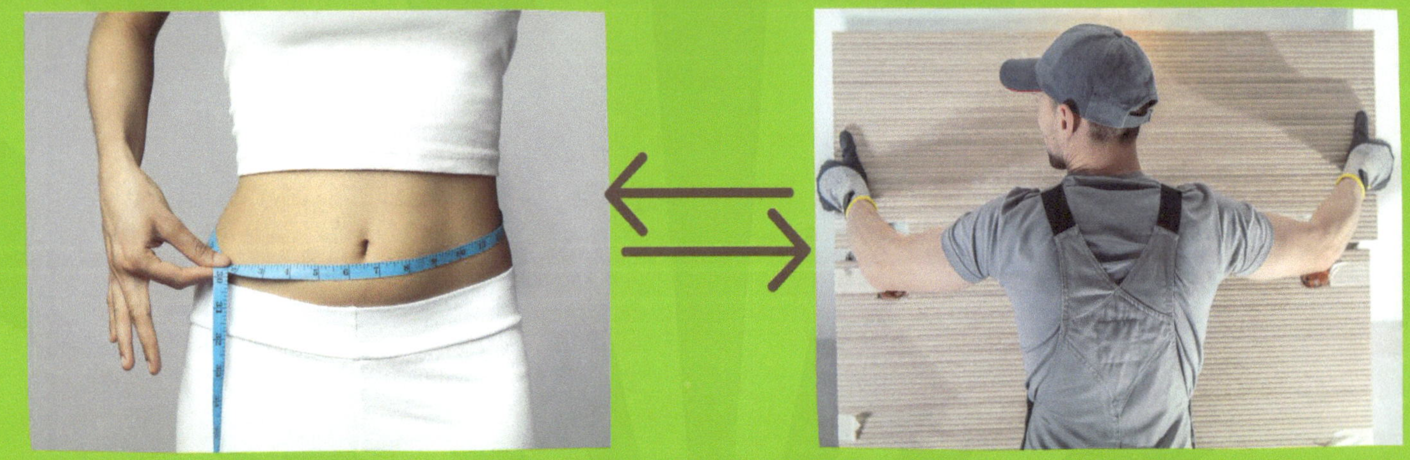

sottile

delgado

largo

grande

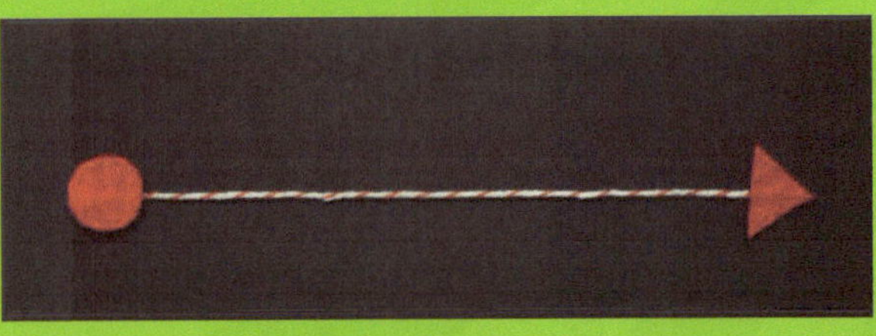

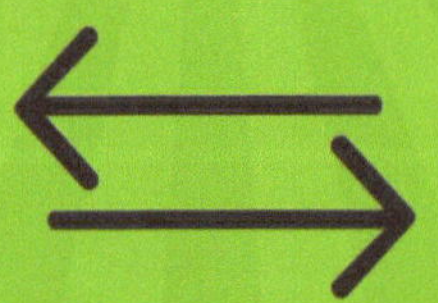

facile

fácil

difficile

difícil

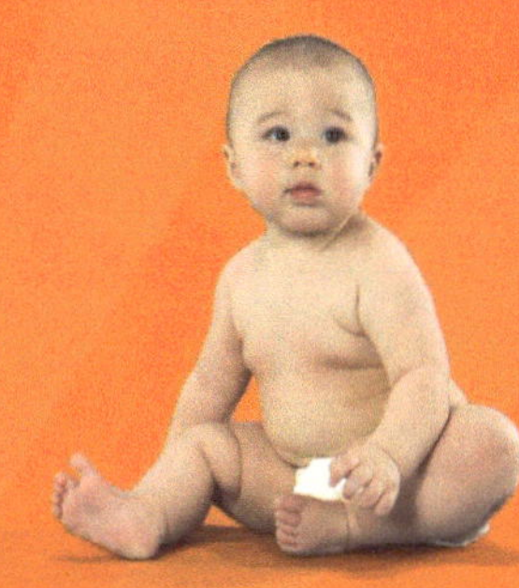

alzarsi

levantarse

sedersi

sentarse

dolce

dulce

salato

salado

pesante

pesado

leggero

ligero

dentro

en

fuori

fuera

sporco

sucio

pulito

limpio

chiudere

cerrado

aprire

abierto

matite

lápices

orologio

reloj

chiave

llave

libro

libro

letto

cama

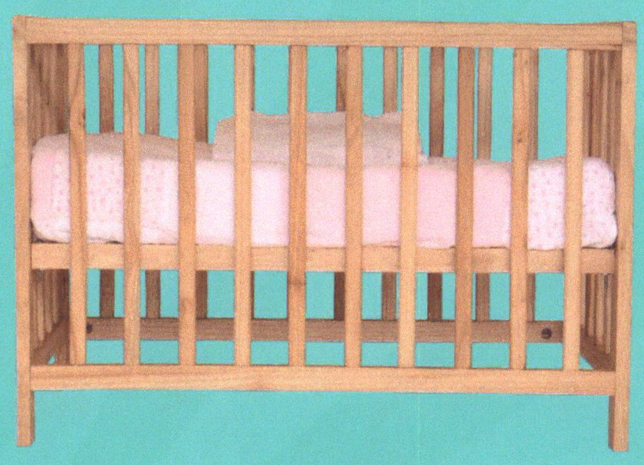

culla

cuna

tavolo

mesa

sedia

silla

automobile

coche

bicicletta

bicicleta

aereo

avión

barca

barco

treno

tren

elicottero

helicóptero

camion dei pompieri

camión de bomberos

pompiere

bombero

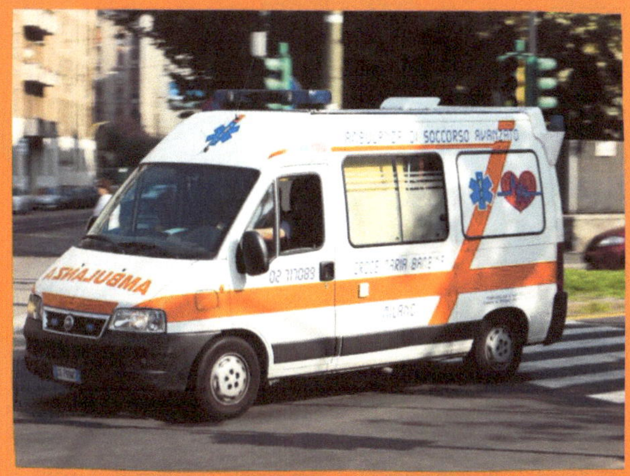

ambulanza

ambulancia

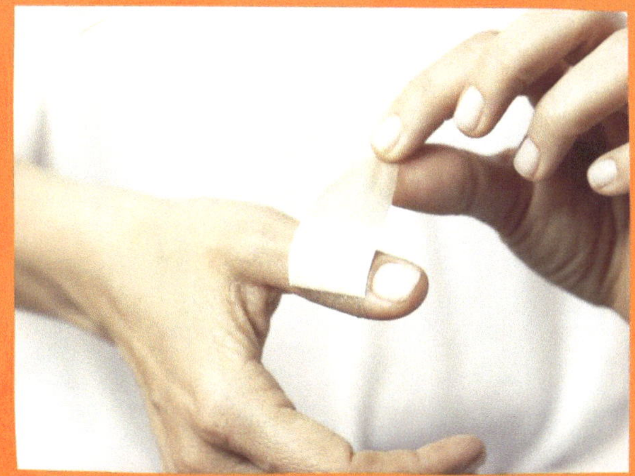

benda

vendaje

paramedico

paramédico

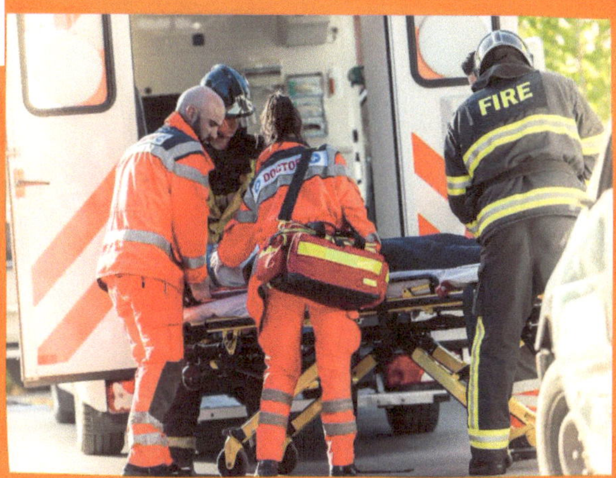

squadra di soccorso

equipo de rescate

foresta

bosque

montagna

montaña

erba

hierba

sabbia

arena

albero

árbol

fiore

flor

farfalla

mariposa

formica

hormiga

gatto

gato

cane

perro

cavallo

caballo

topo

ratón

mucca

vaca

maiale

cerdo

pecora

oveja

anatra

pato

oca

ganso

coniglio

conejo

pesce

pez

veterinario

veterinario

dottore

doctor

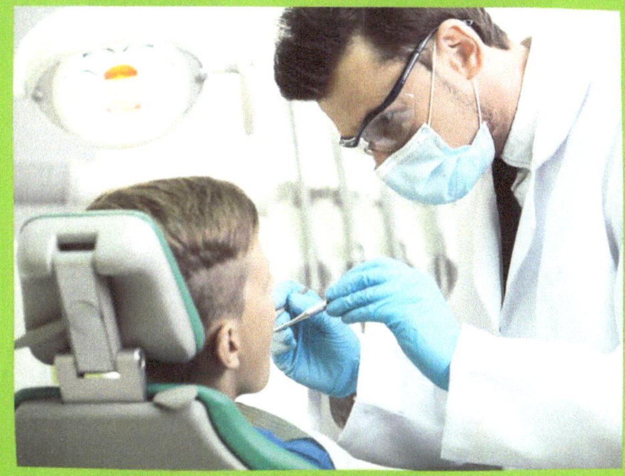

dentista

dentista

farmacista

farmacéutico

infermiere

enfermera

testa

cabeza

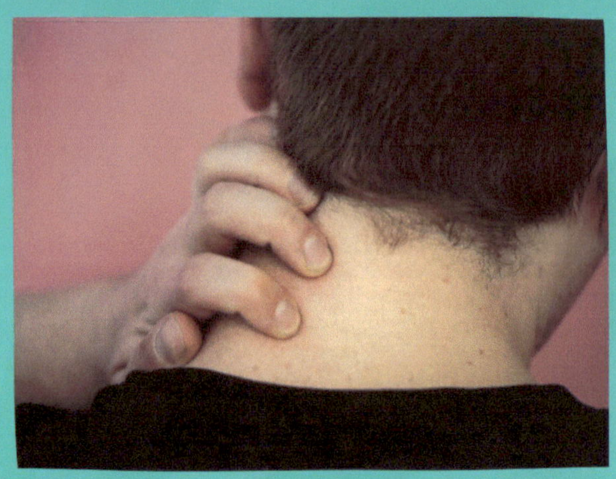

collo

cuello

piede

pie

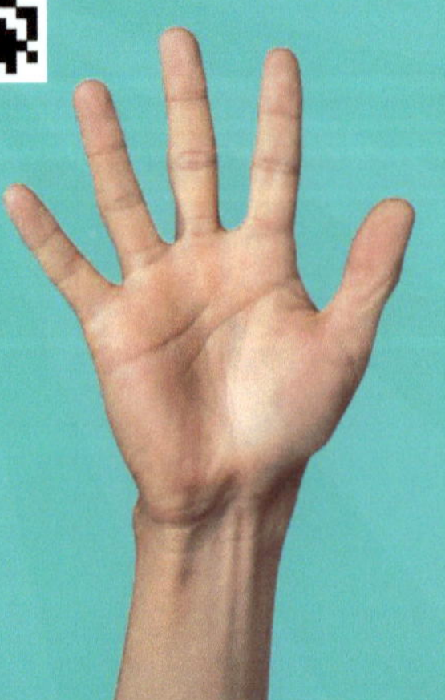

mano

mano

denti

dientes

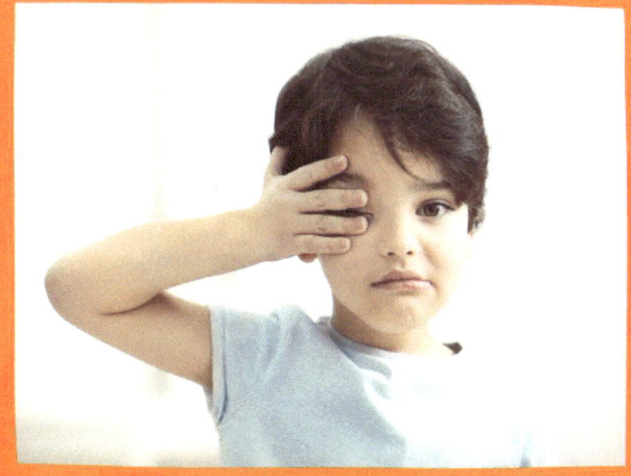

occhio

ojo

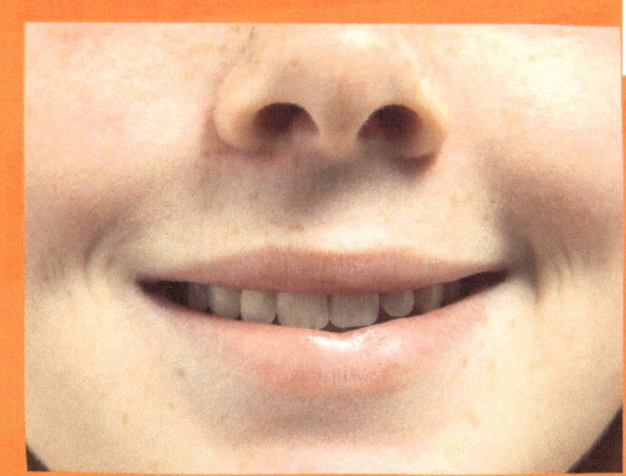

bocca

boca

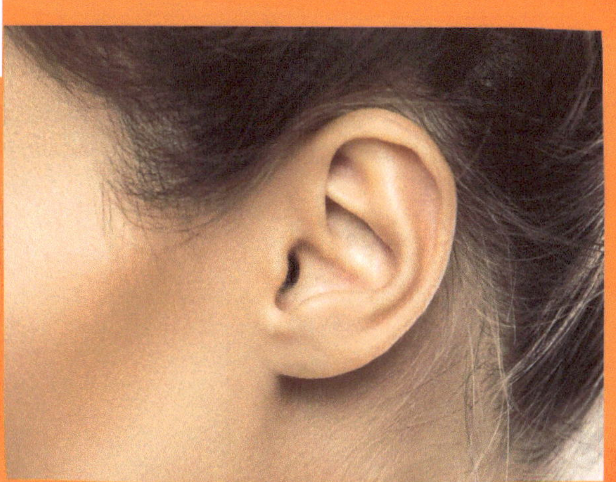

orecchio

oreja

cappello

sombrero

vestito

vestido

pantaloni

pantalones

scarpe

zapatos

cappotto

abrigo

sciarpa

bufanda

ombrello

paraguas

occhiali

gafas

sole

sol

nuvoloso

nublado

piovoso

lluvioso

luna

luna